DE LA GRÊLE

ET

DU TONNERRE,

PAR

Saint Agobard.

2.ᵉ TIRAGE.

LYON.

IMPRIMERIE DE DUMOULIN, RONET ET SIBUET.
Quai St-Antoine, 33.

1841.

DE LA GRÊLE

ET

DU TONNERRE.

DE LA GRÊLE

ET

DU TONNERRE,

PAR

Saint Agobard.

LYON.

IMPRIMERIE DE DUMOULIN, RONET ET SIBUET.
Quai St-Antoine, 33.

1841.

AVERTISSEMENT.

———◦◦◦———

Agobard est sans contredit une des plus grandes célébrités de l'ancienne église de Lyon ; mais c'est principalement depuis qu'on se livre avec tant d'ardeur à l'étude de l'histoire du moyen âge qu'il a été mieux connu et mieux apprécié. Tout récemment, M. Frantin, de Dijon, et M. J.-J. Ampère, le premier dans son *Louis-le-Pieux*, le second dans son *Histoire littéraire de la France*, ont cité et traduit un assez grand nombre de fragments des divers traités de l'illustre évêque, qui nous montrent la part active qu'il eut dans les événements accomplis sous son épiscopat. Tous ses écrits, dont le style est en général correct et parfois élégant, mériteraient les honneurs d'une traduction, car ils nous font connaître, mieux qu'aucun autre auteur de cette époque, les mœurs, les usages et les coutumes de la première moitié du neuvième siècle. On est surtout forcé de reconnaître que nul ne combattit avec plus de fermeté et une plus grande élévation de raison les préjugés et les superstitions de son temps. C'est contre un de ces préjugés qu'il composa son livre *de la Grêle et du Tonnerre*, et c'est de ce livre que nous publions aujourd'hui une traduction, faite il y a bien des années, et dont nous avons fait insérer deux chapitres dans l'*Annuaire de Lyon* pour 1837 (*p.* xxxiii). Après l'avoir retouchée avec soin, nous l'avons soumise à l'auteur des *Matanasiennes* qui a bien voulu la revoir à son tour. La voici donc telle qu'elle est sortie du creuset de notre docte hypercritique. Toutefois, tiré à petit nombre d'exemplaires, cet essai n'est destiné qu'à des amis et à des collègues qui le recevront avec indulgence, et qui, malgré l'absence de notre nom, nous reconnaîtront aisément à cette devise anagrammatique :

SÆCULA NUDO PRISTINA.

DE GRANDINE

ET TONITRUIS.

1. In his regionibus[1] pene omnes homines, nobiles et ignobiles, urbani et rustici, senes et juvenes, putant grandines et tonitrua hominum libitu posse fieri. Dicunt enim, mox ut audierint tonitrua et viderint fulgura : *Aura levatitia est*[2]. Interrogati vero quid sit aura levatitia, alii cum verecundia, parum remordente conscientia, alii autem confidenter, ut imperitorum moris esse solet, confirmant incantationibus hominum, qui dicuntur tempestarii, esse levatam, et ideo dici levatitiam auram. Quod utrum verum sit, ut vulgo creditur, ex auctoritate divinarum Scripturarum probetur necesse est. Sin autem falsum est, ut absque ambiguo credimus, summopere exaggerandum est, quanti mendacii reus sit, qui opus divinum homini tribuit. Nam per hoc inter duo mortifera maximaque mendacia constringitur, dum testificatur hominem facere posse quod solius Dei est posse, et Deum non facere quæ facit. Si vero in mendaciis minorum rerum veraciter est

---

[1] In agro nimirum Lugdunensi et circumpositis regionibus. Stephanus Baluzius.
[2] Vide Adelung, *Glossarium manuale*, verbo *Aura*.

DE LA GRÊLE

ET DU TONNERRE.

I. Presque tous les habitants des villes et des campagnes de cette contrée, nobles et roturiers, jeunes et vieux, pensent que la grêle et le tonnerre peuvent tomber au gré des hommes. Ils disent, en effet, dès qu'ils entendent le tonnerre et aperçoivent les éclairs : *C'est un vent levatice.* Et si vous leur demandez ce que c'est qu'un *vent levatice,* ils affirmeront, les uns avec une sorte de retenue, et la conscience un peu troublée, les autres avec la confiance que montrent ordinairement les ignorants, que ce vent a été soulevé par les enchantements d'hommes appelés *tempestaires*, d'où lui est venu le nom de *vent levatice.* Il est donc de toute nécessité de s'assurer par l'autorité des divines Écritures, si cette opinion est fondée sur la vérité, comme le croit le vulgaire. Mais si, au contraire, elle est fausse, comme nous en sommes profondément convaincus, il nous faut démontrer par une invincible accumulation de preuves de quel mensonge se rend coupable celui qui attribue à l'homme l'œuvre de Dieu. Car il se trouve pressé entre deux mensonges très graves et très condamnables, lorsqu'il affirme que l'homme peut faire ce qui est au pouvoir de Dieu seul, et

tenendum quod scriptum est : (*Sermo obscurus in vacuum non ibit; os autem quod mentitur, occidit animam* [1]. Et iterum : *Perdes omnes qui loquuntur mendacium* [2]. Et: *Testis mendax peribit* [3]. Vel : *Testis falsus non erit impunitus* [4]. Vel etiam illud quod in Apocalypsi Johannis Apostoli legitur: *Beati qui lavant stolas suas (in sanguine Agni), ut sit potestas eorum in ligno vitæ, et portis intrent in civitatem. Foris autem canes, et venefici, et impudici, et homicidæ, et idolis servientes, et omnis qui amat et facit mendacium* [5].) quanto magis in tam gravi mendacio, ut istud ostendi potest, de quo nunc loquendum suscepimus, quod non minus aliquorum hæreticorum mendaciis invenitur. Beatus Paulus Apostolus dicit : *Invenimur autem et falsi testes Dei, quoniam testimonium diximus adversus Deum, quod suscitaverit Christum, quem non suscitavit, si mortui non resurgunt : nam si mortui non resurgunt, neque Christus resurrexit* [6]. Sicut ergo omnes qui Christum Dominum resuscitatum a Patre prædicant , falsi testes Dei invenirentur , si mortui non resurgerent ; sic etiam iste, qui admirabile et valde terribile opus Dei Deo aufert ut homini tribuat, falsus est sine dubio testis Dei.

II. Plerosque autem vidimus et audivimus tanta dementia obrutos, tanta stultitia alienatos, ut credant et

---

[1] Sap. 4, 11. — [2] Psal. 5, 7. — [3] Proverb. 21, 28. — [4] Proverb. 19, 5 et 9. — [5] Apocal. 22, 14 et 15. — [6] 1 Corint. 15, 15.

que Dieu ne fait pas ce qu'il fait réellement. Et si, à l'égard des mensonges sur les choses légères, on doit s'en tenir exactement à ce qui est écrit : « Que la parole secrète ne se perdra pas dans le vide, et que la bouche qui ment tue l'ame ; » et ailleurs : « Vous perdrez tous ceux qui profèrent le mensonge; » « Le témoin menteur périra; Le faux témoin ne restera pas impuni ; » ou encore se rappeler ce qu'on lit dans l'Apocalypse de l'apôtre Jean : « Heureux ceux qui lavent leurs vêtements (dans le sang de l'Agneau), afin qu'ils aient droit à l'arbre de vie, et qu'ils entrent dans la ville par les portes... Dehors les chiens, les empoisonneurs, les impudiques, les homicides, les idolâtres et quiconque aime et fait le mensonge; » c'est surtout à l'égard d'un aussi grave mensonge qu'est celui dont nous parlons ici, et qui peut se comparer à ceux de plusieurs hérétiques. Le bienheureux apôtre Paul dit : « Nous serions même convaincus d'être de faux témoins à l'égard de Dieu, comme ayant rendu ce témoignage contre Dieu même, qu'il a ressuscité Jésus-Christ, qu'il n'aurait pas néanmoins ressuscité, s'il était vrai que les morts ne ressuscitent pas : car si les morts ne ressuscitent point, Jésus-Christ n'est pas non plus ressuscité. » Ainsi donc, de même que ceux qui annoncent que le Christ, est ressuscité, seraient de faux témoins, si les morts ne ressuscitaient pas, de même aussi celui qui enlève à Dieu l'œuvre admirable, mais terrible de Dieu, pour l'attribuer à l'homme, est un faux témoin qui dépose contre Dieu même.

II. Nous avons vu et entendu beaucoup de gens assez fous et assez aveugles, pour croire et pour affirmer qu'il existe une certaine région appelée *Magonie,* d'où partent, voguant sur les nuages, des navires qui trans-

dicant quandam esse regionem, quæ dicatur Magonia, ex qua naves veniant in nubibus, in quibus fruges, quæ grandinibus decidunt, et tempestatibus pereunt, vehantur in eandem regionem, ipsis videlicet nautis aëreis dantibus pretia tempestariis, et accipientibus frumenta vel ceteras fruges. Ex his item tam profunda stultitia excœcatis, ut hæc posse fieri credant, vidimus plures in quodam conventu hominum exhibere vinctos quatuor homines, tres viros, et unam feminam, quasi qui de ipsis navibus ceciderint : quos scilicet per aliquot dies in vinculis detentos, tandem collecto conventu hominum exhibuerunt, ut dixi, in nostra præsentia, tanquam lapidandos. Sed tamen vincente veritate, post multam ratiocinationem, ipsi qui eos exhibuerant, secundum propheticum illud confusi sunt, sicut *confunditur fur quando deprehenditur* [1].

III. Verum quia hic error, qui tam generaliter in hac regione pene omnium mentes possidet, ab omnibus ratione præditis dijudicandus est; proferamus testimonia Scripturarum, per quæ dijudicari possit : quibus inspectis, non nos ipsi, sed ipsa veritas expugnet stultissimum errorem, et omnes qui cum veritate sentiunt, arguant vasa erroris, dicentes cum Apostolo : *Omne mendacium ex veritate non est* [2]. Quod autem ex veritate non est, ex Deo utique non est; et quod ex Deo non est, verba ejus non audit, sicut ipsa per se Veritas dicit : *Qui est ex Deo, verba Dei audit. Propterea vos non auditis, quia ex Deo non estis* [3]; quod in alio quoque loco aliis etiam verbis dicit : *Oves meæ vocem meam au-*

[1] Jerem. 2, 26. — [2] Joan. Ep. 1, 2, 21. — [3] Joan. Evang. 8, 47.

portent, dans cette même contrée, les fruits abattus
par la grêle et détruits par la tempête, après toutefois
que la valeur des blés et des autres fruits a été payée
par les navigateurs aériens aux *tempestaires*, de qui ils
les ont reçus. Nous avons vu même plusieurs de ces
insensés qui, croyant à la réalité de choses aussi absurdes, montrèrent à la foule assemblée quatre personnes
enchaînées, trois hommes et une femme, qu'ils di-
saient être tombés de ces navires. Depuis quelques
jours ils les retenaient dans les fers, lorsqu'ils les
amenèrent devant moi, suivis de la multitude, afin
de les lapider; mais, après une longue discussion, la
vérité ayant enfin triomphé, ceux qui les avaient
montrés au peuple se trouvèrent, comme dit un prophète, aussi confus qu'un voleur lorsqu'il est surpris.

III. Mais puisque cette erreur, généralement répandue dans nos contrées, doit être soumise au jugement
des hommes éclairés, cherchons les textes de l'Ecriture
au moyen desquels on peut la reconnaître, afin qu'après
l'examen de ces textes, ce ne soit pas nous, mais la vérité elle-même, qui triomphe de la plus grossière des
erreurs, et que tous ceux qui sont restés fidèles aux
saines croyances confondent les suppôts du mensonge,
en disant avec l'apôtre : *Nul mensonge ne vient de la
vérité.* En effet, ce qui ne procède pas de la vérité, ne
saurait venir de Dieu, et ce qui ne vient pas de Dieu,
n'entend point ses paroles, comme la Vérité le dit elle-
même : « Celui qui est de Dieu entend les paroles de
Dieu ; ce qui fait que vous ne les entendez point, c'est
que vous n'êtes point de Dieu; » ce qu'elle dit encore
ailleurs en d'autres termes : « Les brebis qui sont à

diunt. *Propterea vos non auditis, quia non estis ex ovibus meis*[1] *; itemque alibi : Omnis qui est ex veritate, audit vocem meam*[2]. Omnis itaque qui mendacium credit, aut loquitur, aut astruit quod non est, et tenendo quidlibet quod non est, quo nisi ad non esse tendit? quia item ad non esse tendit, procul dubio ab eo qui est recedit , qui dixit Moysi : *Sic dices filiis Israël : Qui est, misit me ad vos*[3], et de quo beatus Job loquitur : *Ipse enim solus est*[4], atque ut apertius loquamur, veritas essentiam habet, vel potius essentia est in propria subsistentia, quia subsistit; mendacium vero, quia nullam habet essentiam, nihil enim est, non subsistit. Solus ergo Deus est, quia solus verum esse habet, qui non accepit ut esset. Omnes autem res ab eo creatæ, et quidem sunt; sed verum et summum illud esse non habent, quia acceperunt ut essent. Porro mendacia, quia non acceperunt ut essent, nullum esse habent. Ac per hoc, is qui mendacio adhæret, ei rei adhæret quæ non est, quanquam nec res dicendum sit. Qui autem ei adhæret quod non est, non solum ab eo recedit qui fecit eum, sed etiam ab eo ipso quod factus est; quoniam non amplius quam duo esse sunt : unum summum, quod suum esse non accepit ab alio; alterum magnum, quod suum esse a Deo accepit; id est, creator, et creatura. Mendacium igitur, quia non est creator, non est summum esse; quia non est creatura, non est magnum esse; quia nullam habet essentiam, non est ullum esse. Qui ergo vult persistere in eo quod est, non recedat ab eo qui ei dedit esse. Qui autem non vult recedere

[1] Joan. 10, 26 et 27. — [2] Joan. 18, 37. — [3] Exod 3. — [4] Job. 25, 13.

moi entendent ma voix; ce qui fait que vous ne l'entendez point, c'est que vous n'êtes pas de mes brebis;»
et ailleurs : « Quiconque appartient à la vérité entend
ma voix. » Celui qui croit au mensonge, celui qui le
profère ou s'appuie sur lui en affirmant ce qui n'est
pas, à quoi donc peut-il tendre, si ce n'est au néant ?
Or, s'il tend au néant, il s'éloigne de celui qui est, du
Tout-Puissant qui a dit à Moïse : » Ainsi vous direz
aux enfants d'Israël : Celui qui est m'a envoyé vers
vous; » et de celui dont le bienheureux Job parle
ainsi : « Lui seul est ; » et pour parler plus clairement,
la vérité possède l'être, ou plutôt l'être réside dans la
propriété de subsister ; mais le mensonge, parce
qu'il est la négation de l'être, n'est rien, ne subsiste
pas. Donc, Dieu seul est, parce que seul il possède la
véritable existence, lui qui n'a reçu l'être de personne.
Toutes choses ont été créées par lui : et elles sont; mais
elles n'ont pas l'existence vraie et absolue, parce qu'elles
l'ont reçue d'un principe générateur. Or, les mensonges, parce qu'ils n'ont pas reçu le don d'être, ne sont
rien dans la nature. Dès lors celui qui adhère au mensonge, adhère à quelque chose qui n'est pas, et qui
ne mérite pas le nom de chose. Celui qui adhère à
ce qui n'est pas, non seulement s'éloigne de celui qui
l'a créé, mais encore de sa propre condition de sub-
stance créée, parce qu'il n'y a absolument que deux
êtres, l'un infini, qui n'a point reçu son être d'un autre,
et l'autre grand, qui a reçu son être de Dieu ; c'est-
à-dire, le créateur et la créature. Donc, le mensonge,
parce qu'il n'est point le créateur, n'est pas l'être sou-
verain; parce qu'il n'est pas la créature, il n'est pas
l'être grand; et parce qu'il n'a pas d'essence, il n'est
pas un être. Que celui donc qui veut rester ce que le

ab eo qui vere est, fugiat quod omnino non est, id est, mendacium.

IV. Quoniam ergo omnis mendax, falsitatis assertor est, et omnis assertor falsitatis, falsus testis est, agens contra veritatem, videamus jam, isti qui opus divinum auctore homine fieri dicunt, utrum fulciantur aliqua auctoritate. In sacris igitur Scripturis, ubi primum grando introducitur, in plagis utique illis, quibus Egyptus percussa est, invenitur. Septima denique plaga Ægypti ista est. Dixit autem Dominus : *En pluam hac ipsa hora cras grandinem multam nimis, qualis non fuit in Ægypto à die qua fundata est usque in præsens tempus*[1]. In his itaque verbis Dominus se ipsum dicit missurum grandinem in crastina, non aliquem hominem, certe nec Moysen aut Aaron, qui justi et Dei homines erant, nec Jamnem et Mambrem incantatores Ægyptiorum, qui scribuntur magi Pharaonis, quos Apostolus dicit restitisse Moysi[2], sicut et hi resistunt veritati. Jam equidem illi, sicut scriptum est, per incantationes Ægyptias et arcana quædam projecerant singuli virgas suas coram Pharaone, et versæ fuerant in dracones, licet virga Aaron devoraverit virgas eorum[3]. Jam aquas verterant in sanguinem, jam ranas produxerant e fluminibus, licet eas cohibere non possent, sicut Moyses in verbo Domini fecit, ut tantum in flumine remanerent. At cum ventum est ad cyniphes, et nihil inde facere potuissent, dixerunt digitum Dei sibi esse contrarium, ni-

---

[1] Exod. 9, 18. — [2] Tim. 2, 3, 8. — [3] Exod. 7, 11 et 12.

créateur l'a fait, ne s'éloigne point de celui qui lui donna l'être; et que celui qui ne veut pas s'éloigner de celui qui est véritablement, fuie ce qui n'est pas, c'est-à-dire le mensonge.

IV. Or donc, puisque tout menteur est le défenseur de l'imposture, et puisque tout défenseur de l'imposture est un faux témoin agissant contre la vérité, examinons maintenant si ceux qui prétendent que l'œuvre de Dieu peut être accomplie par l'homme, s'appuient sur quelque autorité. Dans les saintes Écritures, le premier endroit où il est parlé de la grêle se trouve dans le chapitre relatif aux plaies dont l'Egypte a été frappée. Elle est la septième plaie; car le Seigneur a dit : « Demain, à cette même heure, je ferai pleuvoir une grêle abondante, telle qu'il n'y en a point eu en Egypte depuis qu'elle a été fondée jusqu'à ce jour. » Dans ces paroles, le Seigneur dit qu'il enverra la grêle le lendemain, lui-même et non un homme, non assurément Moïse ou Aaron qui étaient des hommes justes et craignant Dieu, ni Jamnès et Mambrès, enchanteurs des Egyptiens, qui, selon l'Ecriture, étaient les magiciens de Pharaon, et que l'apôtre Paul dit avoir résisté à Moïse, comme les infidèles de son temps résistaient à la vérité. Déjà, en effet, comme il est écrit, ils avaient jeté leurs verges devant Pharaon, et par leurs enchantements et les secrets de leur art, elles étaient changées en serpents, mais la verge d'Aaron dévorait les leurs. Déjà ils avaient changé les eaux en sang, déjà ils avaient tiré les grenouilles des fleuves, bien qu'ils ne pussent, comme Moïse, au nom du Seigneur, les forcer de rentrer dans les eaux. Mais lorsqu'on en fut venu aux moucherons et qu'ils n'eurent rien pu faire, ils dirent que le doigt de Dieu leur était contraire,

hilque ulterius tale conati[1]. Certe si quilibet homo
grandinem potuisset immittere, Jamnes et Mambres
immisissent, quia aquas converterunt in sanguinem,
et ranas de fluminibus produxerunt, quod isti facere
non possunt, qui nunc dicuntur tempestarii.

V. Sequitur autem in eodem loco Scripturæ : *Ex-
tendit Moyses virgam in cœlum, et Dominus dedit tonitrua et grandinem, ac discurrentia fulgura super terram,
pluitque Dominus grandinem super terram Ægypti, et
grando et ignis mixta pariter ferebantur*[2]. Ecce et hic lo-
cus solum Dominum ostendit creatorem et auctorem
grandinis, non aliquem hominem. Dicant forsitan isti
qui hominibus hoc tribuunt, Moysen extendisse virgam in cœlum, et ideo per hominem immissam fuisse
tempestatem. Certe Moyses servus Domini erat bonus
et justus. Isti autem eos, quos dicunt tempestarios,
non audent fateri bonos esse et justos, sed malos potius, et iniquos, et dignos damnatione temporali et
æterna, sed neque servos Dei, nisi forte conditione,
non tamen voluntaria servitute. Nam si ad imitationem
Moysis homines essent auctores grandinis, servi utique
Dei essent, non servi diaboli. Quanquam præmissæ
sententiæ neque illos ejus demonstrant auctores, sed
solum omnipotentem Deum. Siquidem et Psalmista,
qui hujus et grandinis meminit, de Deo dicit : *Occidit
in grandine vineas eorum, et moros eorum in pruina, et
tradidit in grandine jumenta eorum, et possessiones eorum
igni*[3]. Sed quoniam in præsenti loco addit Psalmista

---

[1] Exod. 8, 19. — [2] Exod. 6, 23 et 24. — [3] Psal. 77, 47 et 48.

et ne firent plus d'efforts pour accomplir rien de semblable. Certainement, si quelque homme eût pu faire
tomber la grêle, Jamnès et Mambrès l'eussent fait tomber, puisqu'ils avaient changé l'eau en sang et tiré les
grenouilles des eaux ; ce que ne peuvent exécuter ceux
à qui l'on donne aujourd'hui le nom de *tempestaires*.

V. On trouve ensuite au même endroit de l'Écri-
ture : « Moïse ayant étendu sa verge vers le ciel, le
Seigneur fit entendre le tonnerre et descendre la
grêle ; les éclairs parcoururent la terre, et le Seigneur
fit pleuvoir la grêle sur la terre d'Égypte ; et la grêle
et le feu tombaient entre-mêlés. » Ce passage ne nous
montre-t-il pas que Dieu seul est le créateur et l'auteur
de la grêle, nul autre que lui ? Mais probablement ceux
qui attribuent à l'homme un tel pouvoir, disent que
Moïse a étendu sa verge vers le ciel, et qu'ainsi la tempête a été lancée par un homme. Moïse, serviteur de
Dieu, était, sans nul doute, bon et juste. Lorsqu'au
contraire vous parlez des *tempestaires*, bien loin d'avouer
qu'ils sont justes et bons, vous confessez plutôt qu'ils
sont impies, iniques, et dignes de la damnation tem-
porelle et éternelle, qu'ils ne sont point serviteurs de
Dieu, si ce n'est accidentellement et par nécessité, et
nullement par une servitude volontaire ; car si, à l'imi-
tation de Moïse, ces hommes étaient auteurs de la grêle,
ils seraient comme lui les serviteurs de Dieu et non ceux
du démon. Toutefois les passages déjà cités démontrent
qu'elle est produite, non par tel ou tel être humain,
mais par Dieu seul qui est tout-puissant. En effet, le
Psalmiste, rappelant cette grêle, a dit de Dieu : « Il
détruisit leurs vignes par la grêle, et leurs sycomores
par les frimas ; il livra leurs bêtes de somme à la mort
et leurs troupeaux au feu du ciel. » Et quand il dit

immissionem per angelos malos; sciendum quod vin-
dictarum aut probationum flagella per ministros malos
exerceat Deus, qui voluntatem quidem nocendi de suo
habeant, potestatem autem ab illo accipiant. Sicut
enim eorum propria est voluntas nocendi, sic solius
Domini potestas ut possint quæ volunt. Non est certe
hominum potestas, neque bonorum, neque malorum,
non est contrariarum fortitudinum potestas, sed solius
Domini, qui earum malæ voluntati tribuit potestatem,
in quantum vult, et abrogat in quantum non vult ut
possint. Nam et in alio quoque Psalmo Psalmista sic de
Deo ait : *Posuit pluvias eorum, grandinem, ignem com-*
burentem in terra ipsorum; et percussit vineas eorum, et
ficulneas eorum, et contrivit lignum finium eorum[1]. Percussit vere, et vere contrivit; sed non homo, neque ange-
lus malus, nisi solus Deus[2], sine quo legio malorum
angelorum neque porcis potuit nocere[3], et in mare
præcipitare[4]. Deus plane, de quo dicitur : *Præ ful-*
gore in conspectu ejus nubes transierunt, grando et car-
bones ignis , et intonuit de cælo Dominus , et Altissimus
dedit vocem suam, grandinem et carbones ignis[5]. Et cui
cantavimus : *Fulgura coruscationem, et dissipabis eos ;*
emitte sagittas tuas, et conturbabis eos[6]. *Qui operit cælum*
nubibus, et parat terræ pluviam, qui dat nivem sicut lanam,
mittit crystallum suam sicut buccellas, emittet verbum suum
et liquefaciet ea, flabit spiritus ejus, et fluent aquæ[7]. Quem
laudant de terra, non solum dracones abyssique, verum etiam *ignis, grando, nix, glacies, spiritus procella-*

---

[1] Psal. 104, 32 et 33. — [2] Matth. 8. — [3] Marc. 5. — [4] Luc 8. — [5] Psal. 17,
13 et 14. — [6] Psal. 145, 6. — [7] Psal. 147, 5, 6 et 7.

que c'est par le ministère des *mauvais anges*, on doit savoir que, pour exercer la sévérité de ses vengeances ou de ses épreuves, Dieu se sert des ministres mauvais qui ont en eux, il est vrai, la volonté de nuire, mais qui en reçoivent de lui le pouvoir. Ainsi donc la volonté du mal est ce qui leur appartient en propre, tandis que la faculté d'accomplir cette volonté leur vient de Dieu seul. Une telle puissance n'est pas certainement aux hommes, ni aux bons, ni aux méchants, ni aux forces malfaisantes, mais uniquement au Seigneur qui l'accorde ou la refuse à la volonté mauvaise, en tant qu'il lui plaît. Le Psalmiste, parlant en effet de Dieu dans un autre psaume, s'exprime ainsi : « Il changea leurs pluies en grêle, fit tomber un feu qui brûlait tout, leurs vignes et leurs figuiers, et brisa tous les arbres de leurs contrées. » Il a véritablement frappé, véritablement brisé; ce ne fut pas l'homme, ni le mauvais ange qui frappa, mais Dieu seul, sans lequel la légion des mauvais anges n'aurait pu ni faire aucun mal aux porcs, ni les précipiter dans la mer. C'est évidemment de Dieu qu'il a été dit : « Aux éclairs de sa face les nuages se sont ouverts; ils ont vomi la grêle et le feu. Du haut des cieux le Seigneur a tonné; le Très-Haut a élevé sa voix, il a lancé la grêle et le feu. » C'est à lui que nous avons dit : « Faites luire vos éclairs et dissipez vos ennemis; lancez vos flèches, et ils seront dans l'effroi; c'est lui qui obscurcit le ciel par des nuées, et qui prépare la pluie pour la terre; il fait tomber la neige comme des flocons de laine.....; il amasse la glace sur la terre comme le pain dans les corbeilles... Il envoie sa parole, et les glaces se fondent; son esprit souffle, et les eaux s'écoulent. » C'est lui que d'ici-bas

rum, *quæ faciunt verbum ejus*[1]; non verbum hominis, non verbum angeli mali.

VI. Legimus etiam de grandine in libro Jesu Nave ita: *Congregati igitur ascenderunt quinque Reges Amorrhæorum, Rex Hierusalem, Rex Hebron, Rex Hierimot, Rex Lachis, Rex Eglon, simul cum exercitibus suis, et castrametati sunt contra Gabaon, oppugnantes eam*[2]. Et post pauca : *Dixitque Dominus ad Iosue : Ne timeas eos, in manus enim tuas tradidi illos*[3]. Et post pauca : *Cumque fugerent filios Israël, et essent in descensu Beth-Horon, Dominus misit super eos lapides magnos de cœlo usque Azeca; et mortui sunt multo plures lapidibus grandinis, quam quos gladio percusserant filii Israël*[4]. Ecce ergo et in hoc loco apparet, sine ulla imprecatione hominum Dominum misisse grandinem super eos quos tali flagello dignos judicavit. Nam si mali homines, sicut sunt quos isti errantes nominant tempestarios, id facere potuissent, super filios utique Israël fieret grando, non super adversarios illorum. Sed quia nec mali super bonos, nec boni super malos hoc facere possunt, evidentissime in hac sententia declaratur, quod et liber quoque Sapientiæ attestatur, dicens Domino : *Tuam manum effugere impossibile est. Negantes enim nosse te impii, per fortitudinem brachii tui flagellati sunt novis aquis, et grandinibus et pluviis persecutionem passi sunt, et per ignem consumpti. Quod enim mirabile erat, in aqua, quæ omnia*

---

proclament, non seulement les dragons de l'abîme, mais encore le feu, la grêle, la neige, la glace, les tourbillons et les tempêtes, qui obéissent à sa parole, et non à la parole de l'homme ou à la parole des mauvais anges.

VI. Nous lisons aussi sur la grêle, dans le livre de Josué : « Les cinq rois des Amorrhéens s'unirent donc ensemble, le roi de Jérusalem, le roi d'Hébron, le roi d'Hiérimot, le roi de Lachis, le roi d'Eglon, et ils marchèrent avec toutes leurs troupes : et ayant campé devant Gabaon, ils l'assiégèrent ; » et un peu après : « Et le Seigneur dit à Josué : Ne les craignez point ; car je les ai livrés entre vos mains ; et un peu après : « Et lorsqu'ils fuyaient devant les enfants d'Israël, et qu'ils étaient dans la descente de Beth-Horon, le Seigneur fit tomber du ciel de grosses pierres sur eux jusqu'à Azeca : et cette grêle de pierres qui tomba sur eux en tua beaucoup plus que les enfants d'Israël n'en avaient passé au fil de l'épée. » Il résulte donc de ce texte que, sans aucune imprécation des hommes, le Seigneur a fait tomber la grêle sur ceux qu'il a jugés dignes d'un tel fléau. Car si les hommes mauvais, comme le sont ceux que, dans son erreur, le peuple appelle *tempestaires*, eussent pu accomplir un tel acte, la grêle serait vraisemblablement tombée sur les enfants d'Israël, au lieu de tomber sur leurs ennemis. Mais que ni les méchants à l'égard des bons, ni les bons à l'égard des méchants, n'aient pu le faire, en faut-il une preuve plus évidente que celle du passage que je viens de citer ? Le livre de la Sagesse vient encore l'attester ; le Sage dit au Seigneur : « Il est impossible d'échapper à votre main, car les impies qui ont refusé de vous connaître ont été flagellés par la force de votre bras ; ils ont été

extinguit, plus ignis valebat : vindex est enim orbis justo-rum[1]. Et post pauca : *Nix autem et glacies sustinebant vim ignis, et non tabescebant ; ut scirent quoniam fructus inimicorum exterminabat ignis ardens in grandine et pluvia coruscans* [2].

VII. Si igitur omnipotens Deus per fortitudinem bra-chii sui flagellat inimicos justorum novis aquis et gran-dinibus et pluviis, cujus manum effugere impossibile est, omnino ignorantiam Dei habent qui hæc homines facere posse credunt. Nam si homines grandinem im-mittere possent, utique et pluvias possent. Nemo enim grandinem sine pluvia unquam vidit. Possent quoque de inimicis suis se vindicare, non solum ablatione fru-gum, sed et vitæ ademptione. Quando enim contingit inimicos tempestariorum esse in itinere aut in agris, ut eos occiderent, possent multiplicatam grandinem su-per eos in unam congeriem fundere, et obruere illos. Nam et hoc quidam dicunt, nosse se tales tempesta-rios, qui dispersam grandinem, et late per regionem decidentem, faciant unum in locum fluminis aut sylvæ infructuosæ, aut super unam, ut aiunt, cupam, sub qua ipse lateat, defluere. Frequenter certe audivimus a multis dici quod talia nossent certis in locis facta ; sed necdum audivimus ut aliquis se hæc vidisse testaretur. Dictum est mihi aliquando de aliquo, quod se hæc vi-

---

[1] Sapient. 15, 16 et 17. — [2] Ibid. 22.

tourmentés par des pluies extraordinaires, et par des grêles, et par des orages, et consumés par le feu. Et, ce qu'on ne peut assez admirer, le feu brûlait encore davantage dans l'eau même qui éteint tout, parce que l'univers s'arme pour la vengeance des justes. » Et un peu plus loin : « La neige et la glace soutenaient sans se fondre la violence du feu, afin que l'on sût qu'une flamme qui brûlait parmi la grêle et qui étincelait au milieu des pluies, consumait tous les fruits des ennemis.

VII. Si donc Dieu tout-puissant, déployant la force de son bras, châtie les ennemis des justes par des pluies et des grêles prodigieuses que verse une main à laquelle il est impossible de se soustraire, ils n'ont aucune connaissance de Dieu ceux qui croient que les hommes peuvent accomplir ces choses ; car si les hommes pouvaient faire descendre la grêle, ils auraient aussi puissance sur la pluie ; en effet, on ne vit jamais de grêle sans pluie. Ils pourraient aussi se venger de leurs ennemis, non seulement par la privation de leurs récoltes, mais encore par celle de la vie ; car lorsqu'il arrive que leurs ennemis se trouvent en voyage ou dans les champs, les *tempestaires* pourraient faire fondre sur eux une immense quantité de grêle et les en accabler. Il en est qui avancent, en effet, qu'ils connaissent des *tempestaires* qui, lorsque la grêle se formait prête à couvrir, en se dispersant, une grande étendue de pays, l'ont fait descendre en masse sur une partie d'un fleuve ou sur une forêt stérile, ou même, car c'est aussi ce qu'ils disent, sur un cuvier sous lequel se cachait un de ces mauvais génies. Souvent, il est vrai, nous avons ouï dire à nombre de gens qu'ils savaient que pareilles choses s'étaient faites en certains lieux, mais jamais

disse diceret. Sed ego multa sollicitudine egi ut viderem illum, sicuti et feci. Cum autem loquerer cum illo, et tentaret dicere se ita vidisse, ego multis precibus et adjurationibus cum divinis etiam comminationibus obstrinxi illum rogitans ut non diceret illud nisi quod verum esset. Tunc ille affirmabat quidem verum esse quod dicebat, nominans hominem, tempus et locum; sed tamen confessus est se eodem tempore præsentem non fuisse. Item in libro Ecclesiastici, qui prænotatur Jesu filii Sirach, scriptum est : *Sunt spiritus qui ad vindictam creati sunt, et in furore suo confirmaverunt tormenta sua, et in tempore consummationis effundent virtutem, et furorem ejus qui fecit illos confundent. Ignis, grando, fames et mors, omnia hæc ad vindictam creata sunt. Bestiarum dentes, et scorpii, et serpentes, et romphæa vindicans in exterminium impios*[1]. Si igitur grando creata est, sicut et cetera quæ hic dicuntur, a Deo utique creata est, non ab homine. Item in prædicto libro scriptum legimus : *Vide arcum, et benedic qui fecit illum. Valde speciosus est in splendore suo. Gyravit cœlum in circuitu gloriæ suæ, manus Excelsi aperuerunt illum. Imperio suo acceleravit nivem, et accelerat coruscationes emittere judicii sui. Propterea aperti sunt thesauri, et evolaverunt nebulæ, sicut aves. In magnitudine sua posuit nubes, et confracti sunt grandinis lapides. In conspectu ejus commovebuntur montes, et in voluntate ejus aspirabit Nothus. Vox tonitrui ejus verberabit terram, tempestas Aquilonis, et congregatio spiritus ; et sicut avis deponens ad sedendum aspergit nivem ; et sicut*

[1] Eccli. 39, 33, 34, 35 et 36.

nous n'avons ouï qui que ce soit affirmer qu'il en avait été le témoin oculaire. On vint un jour me prévenir qu'un individu assurait l'avoir été ; je mis tous mes soins à le découvrir, et j'y parvins. Lorsque, dans notre entretien, je m'aperçus qu'il se disposait à me dire que la chose s'était passée ainsi et devant ses yeux, je le pressai, employant les prières, les supplications et même les menaces divines, de ne me dire que ce qui était vrai. Alors, il me protesta que ce qu'il disait était vrai, désignant la personne, le temps et le lieu ; mais il avoua, au même instant, qu'il n'avait pas été présent. Il est écrit aussi dans le livre de l'Ecclésiastique qui porte dans son titre, Jesu, fils de Sirach : « Il est des esprits qui ont été créés pour la vengeance, et par leur fureur ils redoublent les supplices des méchants ; au jour de la consommation ils répandront leur malice, et ils accompliront la justice de celui qui les a créés. Le feu, la grêle, la faim et la mort, toutes ces choses ont été créées pour la vengeance, de même que les dents des bêtes, les scorpions, les serpents, et le glaive qui aspire à l'extermination des impies. » Si donc la grêle est créée comme toutes les choses dont il est parlé ici, elle est bien créée par Dieu et non pas par l'homme. On lit encore dans le même livre : « Considérez l'arc-en-ciel, et bénissez celui qui l'a fait. Il éclate avec une beauté admirable. Il forme dans le ciel un cercle de gloire, et son étendue est l'ouvrage du Très-Haut. Le Seigneur fait tout d'un coup paraître la neige. Il se hâte de lancer des éclairs pour l'exécution de ses jugements. C'est pour cela qu'il ouvre ses trésors, et qu'il fait voler les nuages comme des oiseaux. Par la grandeur de son pouvoir, il épaissit les nues, et en fait sortir la grêle comme des pierres. Par un de

locusta demergens descensus ejus. Pulchritudinem coloris ejus admirabitur oculus, et super imbrem ejus expavescet cor. Gelu sicut salem effundet super terram; et cum gelaverit, fiet tanquam cacumina tribuli. Frigidus ventus Aquilo flabit, et gelabit crystallus ab aqua, super omnem congregationem aquarum requiescet, et sicut lorica induet se aquis. Devorabit montes, et exuret desertum, et extinguet viride, sicut igne. Medicina omnium in festinatione nebulæ, et ros obvians ab ardore venienti humilem efficiet eum. In sermone ejus siluit ventus, cogitatione sua placabit abyssum, et plantabit illum Dominus Jesus [1].*

VIII. Ecce in hac magna et prolixa Ecclesiastici libri sententia cum subtilissima admiratione imperio Dei tribuitur quicquid in aëre fit, quicquid de aëre in terram descendit, quicquid mari et ventis; apparitio, splendor, et gyrus arcus; festinatio nivis, terror coruscationis, velocitas nebulæ, suspensio ventorum, verberatio terræ, concertatio aurarum, congelatio aquæ, non solum in nubibus, sicut grandinis et

---

[1] Eccl. 43, 12-25. — « .... *illum Dominus Jesus.* Ita omnino codex regius, neque tamen dubito quin verior sit vulgata lectio quæ habet : *plantavit in illa Dominus insulas.* » Stephanus Baluzius.

ses regards il ébranle les montagnes, et par sa seule
volonté il fait souffler le vent du midi. Il frappe la terre
par le bruit de son tonnerre, par les tempêtes des
aquilons, et par les tourbillons des vents. Il répand
la neige comme une multitude d'oiseaux qui viennent
s'asseoir sur la terre, et elle descend comme une troupe
de sauterelles. L'éclat de sa blancheur ravit les yeux,
et son impétueuse abondance jette l'effroi dans le
cœur. Il répand sur la terre, comme du sel, les frimas
et la gelée, qui, s'étant durcie sur les plantes, les hé-
risse en pointes comme les chardons. Lorsqu'il fait
souffler le vent froid de l'aquilon, l'eau se glace aussitôt
comme du cristal : la gelée se repose sur les amas
des eaux, qui s'en couvrent comme d'une cuirasse.
Elle dévore les montagnes, elle brûle les déserts, et elle
sèche tout ce qui était vert comme si le feu y avait
passé. Le remède de tous ces maux est qu'une nuée
se hâte de paraître : une rosée chaude venant après le
froid, le dissipera. La moindre des paroles du Seigneur fait taire les vents ; sa seule pensée apaise les
abîmes de l'eau ; et c'est là qu'il a fondé les îles. »

VIII. Voilà comment, dans une longue et minu-
tieuse énumération, l'auteur de l'Ecclésiastique, plein
d'une juste admiration, attribue à la toute-puissance
de Dieu tout ce qui s'opère dans l'air, tout ce qui en
descend sur la terre, toute l'action des vents sur les
eaux, l'apparition et le cercle de l'arc lumineux, la
promptitude des neiges, la lueur effrayante de l'éclair,
la vitesse du brouillard, la suspension des vents, le
tremblement de la terre, le combat des airs, la congé-
lation de l'eau, non seulement dans les nuages, comme
celle de la grêle ou des frimas, mais même sur la terre,
comme celle des neiges, de la pluie, des eaux stagnantes,

nivis, sed etiam in terra, nivium, pluviæ, et stantium aquarum, vel fluminum discurrentium, et ex gelu desiccatio viridium rerum, sicut sæpe videmus, necnon et horum omnium resolutio, quæ fit tempore rorantium nebularum, et flatibus Austri et Favonii. Ad sermonem quoque Dei dicit omnia ista conquiescere et placari. Non ergo in talibus adjutor homo quæratur, quia non invenietur, nisi forte sancti Dei, qui multa obtinuerunt, et obtenturi sunt : quorum aliqui potestatem habebunt claudere cœlum, ne pluat diebus prophetiæ ipsorum, sicut Helias[1], et aquas convertere in sanguinem, et percutere terram omni plaga, quotiens voluerint, sicut Moyses et Aaron Ægyptum[2]. Vere non alius mittit grandinem tempore æstatis, nisi qui et nives tempore hyemis. Nam et utriusque una est ratio ut fiat, quando nubes utroque tempore solito altius elevantur.

IX. In libro quoque beati Job scriptum est : *Ab interioribus egreditur tempestas, et ab Arcturo frigus. Flante Deo concrescit gelu, et rursum latissime funduntur aquæ. Frumentum desiderat nubes, et nubes spargunt lumen suum ; quæ lustrant cuncta per circuitum quocunque eas voluntas gubernantis Dei duxerit, ad omne quod præceperit illis super faciem orbis terrarum*[3]. Attentè audiendum quod dicitur : *Lustrant nubes per circuitum cuncta, sed quocunque eas voluntas gubernantis Dei duxerit*. Si ergo Deus eas gubernat, non potest homo iniquus eas aliam

---

[1] Reg. 17. — [2] Exod. 7. — [3] Job. 37, 9-12.

des fleuves qui coulent, et, par l'effet de la gelée, le des-
séchement de toute verdure, comme souvent nous l'a-
vons vu, et en outre la solution de toutes ces choses qui
arrive au temps des brouillards humides, et au souffle
de l'Auster et du Zéphire. Il dit aussi qu'à la voix de
Dieu tout rentre dans le calme. L'on ne doit donc point,
en pareilles circonstances, chercher dans l'homme un
aide, parce qu'on ne le trouvera pas, à moins que ce
ne soit un de ces saints de Dieu qui ont obtenu et ob-
tiendront beaucoup encore. Quelques-uns d'eux, en
effet, auront eu le pouvoir de fermer les cieux, afin
qu'il ne pleuve pas durant leur mission de prophètes,
comme Hélie, et celui de changer les eaux en sang et de
frapper la terre de toutes sortes de plaies, lorsqu'ils le
voudront, comme Moïse et Aaron, en Egypte. Mais il est
vrai de dire qu'aucun autre n'envoie la grêle pendant
l'été, si ce n'est celui qui fait tomber la neige pendant
l'hiver. Car il n'est pour toutes deux qu'une seule et
même raison de leur existence, c'est l'élévation ex-
traordinaire des nuages dans chacune de ces saisons.

IX. Il est écrit aussi dans le livre du bienheureux
Job : « La tempête sortira des lieux les plus cachés, et le
froid, de l'Arcture. Dieu par son souffle forme la glace,
et il resserre les eaux qui étaient répandues. Le fro-
ment désire les nuées, et les nuées répandent leur lumière. Elles sont portées de toutes parts sur la face de la
terre, partout où elles sont conduites par la volonté
de Dieu qui les gouverne, et selon les ordres qu'elles
ont reçus de lui. » Il faut écouter attentivement ce
qui est dit : « Les nuées sont portées de toutes parts
sur la face de la terre, mais toujours elles sont conduites par la volonté de Dieu qui les gouverne. »
Si donc Dieu gouverne les nuées, l'homme inique

in partem convertere : quia nec imperare Deo potest,
nec precibus obtinere meretur. Quod autem subjun-
gitur, *ad omne quod præceperit illis super faciem orbis
terræ,* quid aliud intelligendum, nisi ad omne quod
præceperit Deus nubibus, vel ad flagellum, vel ad sub-
sidium humanum, ad nives, ad grandines, ad pluvias,
ad fulgura, vel fulmina, sive tonitrua, ex quibus ple-
runque alta ædificia prosterni solent? Sane non præcepto hominis, sed præcepto Dei, sicut in hac sententia legitur, in qua etiam post paululum subditur : *Numquid scis quando præceperit Deus pluviis ut ostenderent
lucem nubium ejus? Numquid nosti semitas nubium mag-
nas, et perfectas scientias*[1]*?* In quibus verbis hoc quoque
notandum est, quia si homo non novit semitas nubium,
nec perfectas earum scientias, multo minus novit earum
officio hominibus prodesse vel obesse; exceptis, ut
dictum est, sanctis, qui secundum voluntatem Dei
multa per illum ipso donante possunt, non utique propria aut aliqua contraria virtute, sed voluntate conditoris, sicut sæpe multi servorum Dei orationibus obtinuerunt ut tempore siccitatis pluvias Dominus largiri
dignaretur.

X. Sic enim beatus Iacobus Apostolus, factum Heliæ
Prophetæ in exemplum nobis proponens, exhortatur

[1] Job. 37, 15 et 16.

ne peut les faire marcher dans un autre sens, parce
qu'il ne peut ni commander à Dieu, ni obtenir par
des prières une coopération dont il n'est pas digne.
Ces mots : « Sur la face de la terre....., et selon les
ordres qu'elles ont reçus de lui, » peuvent-ils se rap-
porter à autre chose, si ce n'est à tout ce que Dieu
opère par le ministère des nuages, pour l'affliction ou
le soulagement de l'humanité, aux neiges, aux grêles,
aux pluies, aux éclairs, à la foudre ou aux tonnerres
qui atteignent ordinairement les édifices les plus éle-
vés? Ce n'est point sans doute au commandement de
l'homme, mais à celui de Dieu, qu'il est fait allusion,
comme on peut le voir à l'endroit où il est dit :
« Savez-vous quand Dieu a commandé aux pluies de
faire paraître la lumière de ses nuées ? Connaissez-
vous les grandes routes des nuées et la parfaite
science *de celui qui les conduit ?* » Dans ces paroles
il nous faut remarquer que, si l'homme ne connaît
pas les grandes routes des nuées et la parfaite science
(nécessaire pour les conduire), il sait moins encore
par leur emploi les faire servir ou nuire au monde,
excepté, comme nous l'avons dit, les saints qui, selon
la volonté de Dieu et l'effet immédiat de sa grâce,
peuvent beaucoup, non toutefois par une faculté à
eux propre ou par quelque pouvoir capable de ba-
lancer le sien, mais par la volonté du créateur,
comme souvent nombre de serviteurs de Dieu obtin-
rent aux jours de la sécheresse qu'il fût agréable au
Seigneur d'accorder des pluies.

X. Ainsi le bienheureux apôtre Jacques nous pro-
posant, à titre d'exemple, l'action du prophète Élie,
nous exhorte à recourir à la prière dans la tristesse,
dans les maladies et pour la rémission des péchés,

nos ad orationem recurrere pro tristitia, pro infirmitate, pro remissione peccatorum, dicens : *Orate pro invicem ut salvemini. Multum enim valet deprecatio justi assidua. Helias homo erat similis nobis, passibilis : et orationem oravit ut non plueret, et non pluit annos tres et menses sex. Et rursum oravit : et cœlum dedit pluvias, et terra dedit fructum suum*[1]. Helias itaque orationem oravit ut non plueret, et non pluit annos tres et menses sex. Fecit autem hoc propter correptionem et correctionem gentis suæ, id est, ut prius corriperentur de aversione mentis, eo quod dereliquissent cultum Dei omnipotentis, et post sordes idolorum abirent, et postea flagellati, et fatigati, expectatione pluviarum corrigerentur et redirent ad Dominum Deum quem dereliquerant.

XI. Sic etiam Samuel propheta et dux populi Israël, cum corriperet eundem populum propter frequentissimas transgressiones illorum, replicans eis beneficia Dei omnipotentis, et eorum e contrario aversiones, intelligeret idem populus grande malum se fecisse, et Deum offendisse petendo sibi regem, orando obtinuit ut insueto tempore terribiliter cum tonitruis et coruscationibus pluvia. Sic denique scriptum est dixisse populo Samuelem : *State, et videte rem istam grandem quam facturus est Dominus in conspectu vestro. Numquid non messis tritici est hodie ? Invocabo Dominum, et dabit voces et pluvias ; et scietis et videbitis quia grande malum feceritis vobis in conspectu Domini, petentes super vos*

[1] Jacob. 5, 16, 17 et 18.

lorsqu'il nous dit : « Priez l'un pour l'autre, afin que
vous soyez guéris; car la prière persévérante du juste
peut beaucoup. Élie était un homme tel que nous
et sujet aux mêmes infirmités; et cependant, après
qu'il eut prié avec une grande ferveur, afin qu'il ne
plût point, il cessa de pleuvoir sur la terre durant
trois ans et demi. Et lorsqu'il eut prié de nouveau, le
ciel donna de la pluie et la terre donna son fruit. »
Élie donc intercéda pour qu'il ne plût pas; et trois
années et demie s'écoulèrent sans pluie. Il agit
ainsi pour amender et corriger sa nation, c'est-à-
dire, afin de retirer d'abord les Hébreux de l'aberra-
tion d'esprit qui les aveuglait au point d'abandonner
le culte du Dieu tout-puissant pour courir après d'im-
pures idoles, et ensuite, afin que, châtiés et accablés
par la privation des pluies, ils retournassent au Seigneur
qu'ils avaient délaissé.

XI. De même aussi, lorsque Samuel, prophète et
chef d'Israel, réprimandait le même peuple à cause de
ses nombreux désordres, déroulant devant lui les
bienfaits du Dieu tout-puissant et leurs infidélités,
afin que ce peuple comprît qu'il avait fait un grand
mal et offensé Dieu en demandant un roi, il obtint
par ses prières que, dans un temps inaccoutumé, la
pluie vînt à descendre sur eux avec des tonnerres et
des éclairs terribles. Enfin, il est écrit qu'il parla au
peuple en ces termes : « Prenez garde et considérez
cette grande chose que le Seigneur va faire devant vos
yeux. Ne fait-on pas aujourd'hui la moisson du fro-
ment? J'invoquerai le Seigneur, et il fera éclater les
tonnerres et tomber la pluie; et vous saurez et vous
verrez combien est grand le mal que vous avez fait en
demandant un roi. Samuel cria donc au Seigneur,

regem. Et clamavit Samuel ad Dominum, et dedit Dominus voces et pluviam in die illa ; et timuit omnis populus nimis Dominum et Samuelem. Dixitque universus populus ad Samuelem: Ora pro servis tuis ad Dominum Deum tuum, ut non moriamur. Addidimus enim universis peccatis nostris malum, ut peteremus nobis regem[1]. Territi enim vocibus tonitruum et coruscis fulgurum, intercessionem sancti Prophetæ, licet peccatores, tamen ut fideles postularunt non sicut isti nostri semifideles, qui mox ut audiunt tonitrua vel cum levi flatu venti, dicunt : *Levatitia aura est,* et maledicunt dicentes : *Maledicta lingua illa, et arefiat, et jam præcisa esse debebat, quæ hoc facit.* Dic, rogo, cui maledicis ? justo, an peccatori ? Peccator namque, et ex parte infidelis similis tui, auram, ut dicere soletis, levare non potuit ; quia nec virtute sua valuit, nec angelis malis imperare potuit, quanquam nec eorum in hac re sit potestas. Domino non supplicavit, ut orando id obtineret, quia sicut vos, ita et illi quos tempestarios putatis, præstigiis malis fieri hæc putant, non voluntate Dei; licet, etsi a Domino Deo hoc peterent, non mererentur adipisci, quod utique justorum est, non iniquorum : qui in talibus rebus, etsi petunt a Domino aliquid, infideliter et duplici animo petunt , non in certitudine fidei.

[1] Reg. 1, 12, 16, 19.

et le Seigneur en ce jour-là fit éclater le tonnerre et tomber la pluie. Et tout le peuple fut saisi de la crainte du Seigneur et de Samuel. Et ils dirent tous ensemble à Samuel : « Priez le Seigneur votre Dieu pour vos serviteurs, afin que nous ne mourions pas. Car nous avons encore ajouté ce péché à tous les autres, de demander d'avoir un roi. » Épouvantés par la voix des tonnerres et l'éclat de la foudre, quoique pécheurs, ils réclamèrent à titre de fidèles l'intercession du saint prophète, non pas comme nos demi-fidèles qui, s'ils entendent les tonnerres ou même le plus léger souffle du vent, disent que c'est *un vent levatice* et lancent des malédictions en disant : *Qu'elle sèche cette langue maudite qui produit un pareil effet, elle qui déjà eût mérité d'être coupée!* Dites-moi, je vous prie, sur qui tombent ces malédictions, sur le juste ou sur le pécheur? Celui-ci, d'après son infidélité pareille à la vôtre, n'a pu, comme vous avez coutume de le dire, *soulever* un vent, parce que ses facultés propres ne le lui ont pas permis et qu'il n'a pas pu commander aux mauvais anges, dont, au reste, le pouvoir ne s'étend pas jusque là. Il n'a pas supplié le Seigneur par des prières pour l'obtenir, parce que, de même que vous, ceux que vous appelez *tempestaires* pensent que ces choses s'opèrent par des prestiges et non par la volonté de Dieu. Car lors même qu'ils s'adresseraient pour cela au Seigneur Dieu, ils ne mériteraient pas d'obtenir ce qui n'est accordé qu'aux justes et jamais aux méchants, qui, en pareilles choses, lorsqu'ils demandent quoi que ce soit au Seigneur, le font avec un esprit d'infidélité et de duplicité, et non pas avec une foi vive et assurée.

XII. Illo præterea tempore quando oratione Heliæ siccitas erat in terra Israël, etiam pascua pecoribus negabantur. Scriptum est enim : *Dixit Achab ad Abdiam : Vade in terram ad universos fontes aquarum, et in cunctas valles, si forté invenire possimus herbam, et salvare equos et mulos, et non penitus jumenta intereant*[1]. Ecce, ut apparet, de pluvia desperati quod non esset (*herba*) nisi juxta fontes et rivos aquarum , jam sentiebant verum esse quod ipsi Achab Helias dixerat : *Vivit Dominus Deus Israël, in cujus conspectu sto, si erit annis his ros et pluvia, nisi juxta oris mei verba*[2]. Et certe Helias annos dixit quanti essent. Iste ergo Achab, ut dixi, quare non rogavit tempestarios ut levarent tempestates, et, ut dicere soletis, auras levatitias, per quas inrigata terra habere posset herbas equis et mulis suis ceterisque jumentis , pro quibus sollicitus erat; maximè quia non timebat perdere fruges in campis, et vineas, quæ nullæ omnino tunc erant.

XIII. Nostris quoque temporibus videmus aliquando, collectis messibus et vindemiis , propter siccitatem agricolas seminare non posse. Quare non obtinetis apud tempestarios vestros, ut mittant auras levatitias, quibus terra inrigetur, et postea seminare possitis? Verum quia id vos nec fecistis, nec facere unquam

---

[1] Reg. 3, 18. 5. — [2] Ibid. 17. 1.

XII. Dans le temps où, par la prière d'Élie, la sécheresse était dans la terre d'Israël, les pâturages manquaient aux troupeaux; car il est écrit : « Achab dit donc à Abdias : Allez par tout le pays, à toutes les fontaines et à toutes les vallées, pour voir si nous pourrons trouver de l'herbe, afin de sauver les chevaux et les mulets, et que les bêtes ne meurent pas toutes. » Voilà comme il semble que, désespérant d'obtenir la pluie et de trouver de l'herbe ailleurs qu'aux bords des fontaines et des ruisseaux, déjà ils croyaient vrai ce qu'Élie avait dit à Achab lui-même : « Vive le Seigneur, le Dieu d'Israël, devant lequel je suis! il n'y aura pendant ces années ni rosée ni pluie, à moins que ce ne soit par une parole de ma bouche. » Et, sans aucun doute, Élie avait désigné le nombre d'années. Pourquoi donc Achab, au lieu d'agir, comme je l'ai dit, ne demanda-t-il pas aux *tempestaires* de susciter les tempêtes et, comme vous le dites ordinairement, les vents *levatices*, afin qu'au moyen de ceux-ci, la terre se trouvant arrosée, il pût avoir de l'herbe pour ses chevaux, ses mulets et les autres bêtes de somme qui étaient l'objet de sa sollicitude; car dans ce moment il ne craignait pas de perdre ses récoltes de blés et ses vignes qui alors étaient complètement nulles?

XIII. De nos jours aussi, lorsque les moissons et les vendanges étaient faites, on a vu les laboureurs ne pouvoir semer à cause de la sécheresse. Pourquoi donc alors n'obtenez-vous pas de vos *tempestaires* d'envoyer des *vents levatices*, afin que la terre étant arrosée, vous puissiez ensuite l'ensemencer? Mais parce que vous ne l'avez point fait, que vous ne l'avez jamais vu faire, ni entendu dire qu'on l'ait fait, écoutez maintenant ce

vidistis et audistis, audite nunc quid ipse Dominus, rerum omnium conditor, rector, gubernator, ordinator et dispensator, servo suo beato Job inter cetera etiam de hujusmodi rebus dicat. Etenim cum diabolus inventor mali, princeps et caput omnium malorum, accusator fratrum[1], accusasset beatum Job apud Dominum, dicens quod non recta intentione, id est, soli ei placendi[2], et solo eo fruendi illi serviret, sed pro terrenarum rerum multiplicatione ac defensione; expetissetque eum tentandum, quatenus tentando ita verum esse ostenderet; improbus, superbus, et stultissimus, quasi mentem viri Dei melius nosset quam conditor ejus; Dominus quoque justus et misericors, justus ad confundendum diabolum, misericors ad exaltandum fidelem famulum suum, concessit illi potestatem, primum quidem in rebus omnibus, deinde vero in filiis, post etiam in salute corporis, ac deinceps in suasione conjugis, postremo autem in exprobratione et multifaria despectione famulorum. Sed diabolus victus et confusus recessit; servus Domini victor et triumphans excrevit. Volens igitur pius Dominus, secundum quod Apostolus dicit de se ipso, ne magnitudo eum revelationum extolleret[3], ita et illum, ne magnitudo victoriæ elatum redderet, humiliare, non ablatione rerum, quas perdiderat, non percussione corporis, per quam jam sicut aurum in camino examinatus erat, non comparatione alicujus magni viri, quia similis ei super terram nullus erat, quippe qui inter homines orientales magnus esset, cœpit tamen eum humiliare vehementer,

1 Apoc. xii. — 2 Job. 1. — 3 2 Corinth. 12.

que le Seigneur lui-même, le créateur de toutes choses, qui les régit et les gouverne, qui en ordonne et en
dispose à son gré, écoutez ce qu'il dit, sur ce sujet,
entre autres paroles, à son bienheureux serviteur
Job. Lorsque le diable, auteur du mal, source et
principe de tout ce qu'il y a de mauvais, l'accusateur
de nos frères, eut accusé le bienheureux Job devant le Seigneur, disant que ce n'était pas avec une
intention droite, c'est-à-dire dans la vue de plaire à
lui seul et de jouir de son Dieu, qu'il le servait, mais
bien pour l'augmentation et la conservation des biens
de la terre, il demanda à le tenter, afin de prouver ce
qu'il avançait, méchant, orgueilleux et insensé qu'il
était, comme s'il pouvait mieux connaître l'esprit de
l'homme de Dieu que celui qui l'avait créé. Alors le
Seigneur, juste et miséricordieux, pour confondre le
diable et pour glorifier son fidèle serviteur, accorde la
demande de l'esprit des ténèbres; il lui permet d'é-
prouver le juste, en premier lieu dans ses biens, puis
dans ses enfants, ensuite dans sa santé, de le livrer aux
mauvais conseils de sa femme, enfin aux reproches et
aux dédains multipliés de ses serviteurs. Mais le diable
se retira vaincu et confondu, et l'homme du Seigneur
grandit dans la victoire et le triomphe. Le Seigneur
Dieu voulant traiter Job comme il traita Paul, selon
ce que dit l'Apôtre, de peur, quant à lui, que la grandeur des révélations ne l'enorgueillît, et à l'égard de
Job, qu'il ne s'enflât de sa victoire, prit soin de l'humilier, non par la privation des biens qu'il avait perdus,
non en frappant son corps, accablement qui déjà l'avait
éprouvé comme l'or dans le creuset, ni en le compa-
rant à quelque homme puissant, parce que sur la terre
nul n'était semblable à lui, tant il était grand parmi les

sublimiter ostendendo illi immensitatem potentiæ suæ,
ut fidelis famulus cognoscendo inæstimabilis atque
incircumscripti conditoris ineffabilia magnalia, seme-
tipsum despiceret, et despiciendo inclinaret, sicuti et
factum est. Nam hoc in verbis ejus apparet, quibus
ait : *Idcirco ipse me reprehendo, et ago pœnitentiam in
favilla et cinere*[1]. Quod alia translatio apertius declarat,
dicens : *Despexi memetipsum, et distabui, et æstimavi me
terram et cinerem.* In hac ergo humiliatione, cum omnipotens Deus sciscitaretur fidelem famulum, utrum
ista aut illa facere posset, aut nosset quis fecerit, aut
ubi esset quando fiebant, interrogat de talibus utique
quæ nemo alius nisi solus Omnipotens facere potest, et
dicit : *Ubi eras quando ponebam fundamenta terræ*[2]? Et :
*Quis posuit mensuras ejus, vel super quo bases illius soli-
datæ sunt ? Quis conclusit ostiis mare ?* Et : *Numquid
conjungere valebis micantes stellas Pleiadas, aut gyrum
Arcturi poteris dissipare?* Et : *Numquid nosti ordinem
cœli?* Et : *Numquid mittes fulgura , et ibunt.* Et multa
hujusmodi. Inter hæc, inquam, tanta ac talia, inquirit
etiam ab eo dicens : *Numquid ingressus es thesauros
nivis, aut thesauros grandinis aspexisti, quæ præparavi in
tempus hostis, in diem pugnæ et belli? Per quam viam
spargitur lux, dividitur æstus super terram? Quis dedit
vehementissimo imbri cursum, et viam sonantis tonitrui?
ut plueret super terram absque homine in deserto, ubi
nullus mortalium commoratur? ut impleret inviam et deso-
latam, et produceret herbas virentes ? Quis est pluviæ pater*

---

1 Job. 42, 6. — 2 Job. 38.

hommes de l'Orient; il commença toutefois par l'humilier d'une manière sensible, en lui montrant, de la hauteur où il règne, l'immensité de sa puissance, afin que le serviteur fidèle, connaissant les œuvres ineffables du Créateur suprême et infini, se méprisât lui-même, comme il fit, et s'abaissât dans son néant. On en peut juger par ses paroles, quand il dit : « ... Je m'accuse moi-même et je fais pénitence dans la poussière et dans la cendre. » Ce que cette autre version montre plus clairement encore : « J'ai jeté un regard sur moi, j'ai reconnu que j'étais devenu comme de la boue, et que je ne suis que terre et cendre. » Dans cet état d'humiliation, le Dieu tout-puissant s'enquérait de son fidèle serviteur, s'il pouvait accomplir telles ou telles choses, ou s'il connaissait qui les avait faites, même où il était quand elles furent créées. Il l'interroge sur ce qui est le fait de sa seule toute-puissance, et il dit : « Où étiez-vous quand je jetais les fondements de la terre ? Qui en a réglé toutes les mesures ? Sur quoi ses bases sont-elles affermies ? Qui a mis des barrières à la mer pour la tenir enfermée ? Pourrez-vous rapprocher les Pléiades, ou disperser les étoiles d'Orion ? Savez-vous l'ordre et les mouvements du Ciel ? Commanderez-vous aux tonnerres, et partiront-ils à l'instant ? » Je pourrais citer plusieurs autres traits du même genre, je me borne à celui-ci; le Seigneur continue : « Êtes-vous entré dans les trésors de la neige, ou avez-vous vu les trésors de la grêle que j'ai préparés pour le temps de l'ennemi, pour le jour de la guerre et du combat ? Savez-vous par quelle voie la lumière descend du ciel et la chaleur se répand sur la terre ? Qui a donné cours aux pluies impétueuses et un

vel quis genuit stillas roris? De cujus utero egressa est glacies? et gelu de cœlo quis genuit? In similitudinem lapides aquæ durantur, et superficies abyssi constringitur.

XIV. Ecce igitur opera Dei magna, quorum rationem nec ipse beatus Job tam sublimiter, tam subtiliter antea poterat admirari. Si Dominus thesauros habet grandinis, et solus eos aspicit, quos beatus Job necdum aspexerat, ubi eos invenerunt isti tempestarii , quos beatus Job non invenit, neque invenire possumus, sed neque æstimare ubi inveniantur? Dominus interrogat fidelem famulum, utrum sciat quis dederit vehementissimo imbri cursum et viam sonantis tonitrui. Isti autem contra quos sermo est, ostendunt nobis homunculos a sanctitate, justitia, et sapientia alienos, a fide et veritate nudos, odibiles etiam proximis, a quibus dicant vehementissimos imbres, sonantia aquæ tonitrua et levatitias auras posse fieri. Dominus dicit se hæc præparasse in tempus hostis, id est ad vindictam. Isti eosdem ipsos hostes atque adversarios æquitatis (in quibus quam maxime, post eos qui terminos transferunt , auferunt pro pignore bovem viduæ, lacertos pupillorum comminuunt, nudos dimittunt homines quibus non est operimentum, egenos educunt de domibus eorum, homines contristant, vin-

passage au bruit éclatant du tonnerre, pour faire pleuvoir sur une terre qui est sans homme, sur un désert où ne demeure aucun mortel, pour inonder des champs affreux et inhabités, et leur faire produire des herbes verdoyantes? Qui est le père de la pluie, et qui a produit les gouttes de la rosée? Du sein de qui la glace est-elle sortie? et qui a enfanté la gelée blanche qui tombe du ciel? qui fait que les eaux se durcissent comme la pierre, et que la surface même de l'abîme se presse et devient solide? »

XIV. Voilà donc les grandes œuvres de Dieu dont le bienheureux Job, avant cet entretien, n'avait pas dû contempler les merveilles avec une si pénétrante intelligence et une admiration si profondément sentie. Si le Seigneur possède les trésors de la grêle, et si lui seul il peut les voir, le bienheureux Job ne les ayant point vus, où vos *tempestaires* les ont-ils trouvés, lorsque lui-même n'y est pas parvenu, non plus que nous qui ignorons les lieux où ils existent? Le Seigneur demande à son fidèle serviteur s'il sait qui a donné cours aux pluies impétueuses et un passage au bruit éclatant du tonnerre. Quant à ceux que je combats dans ce discours, ils nous montrent des hommes sans vertu, dépourvus de sainteté et de justice, étrangers à la sagesse, sans foi et sans vérité, odieux même à leurs proches, et c'est à ces hommes qu'ils attribuent les pluies impétueuses, le bruit éclatant du tonnerre et les *vents levatices*. Le Seigneur dit qu'il a préparé tout ceci pour le temps de l'ennemi, c'est-à-dire pour le jour de sa vengeance. Eux prétendent que les ennemis mêmes de la justice, des êtres qui sont les premiers voués aux châtiments d'en haut après ceux qui déplacent les bornes, qui prennent pour gage le bœuf de la

dicandum est) dicunt eorum habere potestatem quæ
Dominus ad vindictam hostium suorum præparavit.
Dominus se dicit pluviæ patrem, et gelu de cœlo se ge-
nerasse confirmat. Isti miserrimos hominum dicunt
habere magnam portionem hujus dispensationis. Quod
in similitudinem lapidis aquæ durantur, Dominus
nobis mirandum proponit. Hoc si ad libitum miserri-
morum horum hominum aliquando fieri posset, procul dubio mirandum non esset.

XV. Hæc stultitia est portio non minima infidelitatis; et in tantum malum istud jam adolevit, ut in
plerisque locis sint homines miserrimi, qui dicant se
non equidem nosse immittere tempestates, sed nosse
tamen defendere à tempestate habitatores loci. His
habent statutum quantum de frugibus suis donent, et
appelant hoc canonicum. Multi verò sunt qui sponte
sacerdotibus decimam nunquam donant, viduis et
orphanis ceterisque indigentibus eleemosynas non tribuunt, quæ illis frequenter prædicantur, crebro legun-
tur, subinde ad hæc exhortantur, et non adquiescunt.
Canonicum autem quem dicunt, suis defensoribus (a
quibus se defendi credunt a tempestate) nullo prædi-
cante, nullo admonente, vel exhortante, sponte per-
solvunt, diabolo inliciente. Deniquein talibus ex parte
magnam spem habent vitæ suæ, quasi per illos vivant.
Hoc non est portio, sed fere plenitudo infidelitatis; et

veuve, qui surchargent les bras de l'orphelin, qui renvoient nus des malheureux privés de tout vêtement, qui chassent les pauvres de leurs demeures, et se plaisent dans l'oppression de l'humanité : ils prétendent, dis-je, que de tels êtres ont à leur disposition les fléaux dont Dieu se sert pour se venger de ses ennemis. Le Seigneur dit qu'il est père de la pluie, et déclare qu'il a enfanté la gelée blanche qui tombe du ciel ; et eux prétendent que les plus misérables des hommes possèdent une grande partie de ce pouvoir ; qu'il leur est accordé de faire durcir les eaux comme la pierre ! Le Seigneur propose ce phénomène à notre admiration ; certes, s'il était en la puissance de ces misérables de l'opérer, il n'aurait plus rien qui dût nous étonner.

XV. Cette folie tient beaucoup du paganisme, et déjà l'erreur s'est accrue au point qu'il se trouve des gens assez stupides pour dire qu'ils ne savent pas, à la vérité, soulever les tempêtes, mais qu'ils peuvent en garantir et défendre les habitants d'un lieu déterminé. Ils ont un tarif qui règle l'étendue de ce service sur la quantité de fruits qu'on leur donne, et ils l'appellent le *canonique*. Il est beaucoup de gens qui ne donnent jamais de bonne grâce la dîme aux prêtres, qui ne font pas l'aumône aux veuves, aux orphelins et aux autres indigents, toutes choses qui leur sont fréquemment prêchées et ordonnées et auxquelles ils ne se conforment point : au contraire, ce qu'ils appellent le *canonique*, sans que personne le leur dise, ils le paient très-volontiers à ceux par l'entremise desquels ils croient être préservés de la tempête. Enfin ils fondent en grande partie sur le secours de ces hommes les espérances de leur vie, comme si elle dépendait d'eux. Ce

si diligenter consideramus, absque ambiguo pronun-
tiabimus id plenitudinem esse infidelitatis. Tres
namque virtutes sunt, secundum Scripturas divinas,
in quibus totus comprehenditur cultus, per quas coli-
tur Deus, id est, Fides, Spes, Caritas. Quicunque igitur
fidem et spem suam partitus fuerit, ut ex parte credat
in Deum, ex parte credat hominum esse quæ Dei sunt,
et ex parte speret in Deo , ex parte autem speret in
homine , hujus profecto fidem et spem divisam non
accipit Deus; ac per hoc inter fideles censeri non potest; et quem partita fides et spes a numero fidelium
secernit , vorago procul dubio infidelitatis absorbet;
meritoque talis maledictum illud incurrit Prophetæ
dicentis : *Maledictus homo qui spem suam ponit in
homine*[1]. Neque vero blandiatur sibi dicens : « Magis
spero in Deo quam in homine : » quia spes per partes
dividi non potest. Aut enim tota erit, et tuta; aut intuta
erit, et nulla.

XVI. Ante hos paucos annos disseminata est quædam
stultitia, cum esset mortalitas boum, ut dicerent Gri-
maldum ducem Beneventorum transmisisse homines
cum pulveribus, quos spargerent per campos et montes, prata et fontes, eo quod esset inimicus christianis-
simo imperatori Carolo, et de ipso sparso pulvere mori-
boves. Propter quam causam multos comprehensos

---

[1] Jerem. 17, 5.

n'est point ici le commencement, mais c'est presque le comble de l'infidélité; et si nous l'examinons avec soin, nous n'hésiterons point à dire que c'est la consommation de l'infidélité. Il y a, en effet, selon les divines Écritures, trois vertus dans lesquelles tout le culte est compris, et par lesquelles Dieu reçoit le tribut d'adoration qui lui est dû : la Foi, l'Espérance et la Charité. Or donc, quiconque divisera sa foi et son espérance, de telle sorte qu'en croyant à Dieu, il croie aussi que les attributs de Dieu appartiennent à l'humanité, et qu'il espère tout-à-la fois en Dieu et en son semblable, celui-là offre à Dieu une foi et une espérance partagées qu'il ne saurait accepter. Et vous ne pourrez le compter au nombre des fidèles celui qui pense ainsi ; et celui qu'une foi et une espérance partagées écartent du nombre des fidèles sera infailliblement absorbé dans le gouffre de l'infidélité, et il encourra à juste titre la malédiction du prophète qui a dit : « Maudit est l'homme qui met sa confiance en l'homme ! » Et qu'il ne se flatte pas de dire : « J'espère davantage en Dieu que dans l'homme », parce que la confiance ne peut être divisée ; car, ou elle sera entière et sûre, ou incertaine et nulle.

XVI. Il y a peu d'années, à l'occasion d'une mortalité de bœufs, on avait semé le bruit absurde que Grimoald, duc de Bénévent, parce qu'il était ennemi de l'empereur très-chrétien Charles, avait envoyé des hommes chargés de répandre, sur les plaines et les montagnes, dans les prairies et les fontaines, une poudre pernicieuse qui, ainsi répandue, donnait la mort aux bœufs. Nous avons ouï dire que beaucoup de personnes prévenues de ce délit furent arrêtées, et que quelques-unes furent massacrées, d'autres attachées sur des planches, et

audivimus, et aliquos occisos, plerosque autem affixos tabulis in flumen projectos, atque necatos. Et, quod mirum valde est, comprehensi, ipsi adversùm se dicebant testimonium, habere se talem pulverem et spargere. Ita namque diabolus, occulto et justo Dei judicio, accepta in illos potestate, tantum eis succinere valebat, ut ipsi sibi essent testes fallaces ad mortem; et neque disciplina, neque tortura, neque ipsa mors deterrebat illos, ut adversùm semetipsos falsum dicere non auderent. Hoc ita ab omnibus credebatur, ut penè pauci essent quibus absurdissimum videretur. Nec rationabiliter pensabant unde fieri posset talis pulvis, de quo soli boves morerentur, non cetera animalia, aut quomodo portari posset per tam latissimas regiones, quas superspargere pulveribus homines non possunt, etsi Beneventani viri et feminæ, senes et juvenes, cum ternis carris pulvere carricatis egressi de regione fuissent. Tanta jam stultitia oppressit miserum mundum, ut nunc sic absurdè res credantur a Christianis, quales nunquam antea ad credendum poterat quisquam suadere paganis creatorem omnium ignorantibus. Hanc itaque rem propterea ad medium deduximus, quia huic unde loquimur similis est, et vel exemplum poterat tribuere de inani seductione et vera sensûs diminutione.

jetées à l'eau ; et ce qu'il y a de plus étrange, c'est que ces hommes, après avoir été pris, rendirent témoignage contre eux-mêmes, disant qu'ils possédaient une pareille poudre et qu'ils l'avaient répandue çà et là ; car le diable par un jugement équitable de Dieu, usait si bien du pouvoir qu'il avait reçu contre ces misérables, qu'il les faisait servir à eux-mêmes de faux témoins pour leur condamnation, et que ni les châtiments, ni les tortures, ni la mort elle-même ne pouvaient les détourner de témoigner à faux contre eux. Telle était la conviction publique qu'il y avait bien peu d'individus qui trouvassent absurde une pareille chose. On ne pouvait raisonnablement imaginer de quoi se composait une poudre qui ne donnait la mort qu'aux bœufs, en épargnant les autres animaux, ni comment elle pouvait avoir été portée sur des régions si étendues, qu'il eût été impossible aux hommes de les couvrir de cette poussière, quand même tous les Béneventins, hommes, femmes, vieillards et jeunes gens, seraient sortis du pays, chacun avec trois chars qui en fussent chargés. Une si grande démence s'est emparée de notre malheureux siècle, que des chrétiens croient aujourd'hui des choses absurdes qu'on n'aurait jamais pu faire croire autrefois aux païens qui ignoraient le créateur de l'univers. J'ai voulu citer ce fait, parce qu'il est semblable à celui sur lequel roule ce traité, et parce qu'il peut être une preuve et un exemple des vaines séductions et des altérations du bon sens.

NOTES.

Papire Masson dit, dans la préface de l'édition qu'il a donnée des OEuvres d'Agobard, que Maxime de Turin, qui florissait sous Théodose le Jeune, a traité avant Agobard de la grêle et des tempêtes; nous croyons qu'il s'est trompé: Maxime de Turin n'a pas écrit sur ce sujet, mais on a de lui deux homélies sur des éclipses de lune. Voyez D. Ceillier, xɪv, 607 et 609.

C. I. *Tempestarii*. Voyez ce mot dans le *Glossarium manuale* d'Adelung. Voyez aussi Baluze sur Agobard, ɪɪ ,68.

C. II. L'anecdote rapportée dans ce chapitre a été dénaturée par la plupart des écrivains qui l'ont reproduite. Voyez *Le Comte de Gabalis* (par Montfaucon de Villars), p. 142 ; *Le Conservateur* (par A. F. Delandine); les *Lettres à Sophie*, par Aimé Martin, t. II, p. 408, édit. de 1833. Nous aurions pu renvoyer aussi à *l'Origine des découvertes attribuées aux modernes*, par L. Dutens, I, 128, édit. de 1812, aux *Nouveaux mélanges* de M. Breghot du Lut, p. 98, et à *l'Histoire littéraire de la France*, par M. J.-J. Ampère, III, 178 ; mais nous ne croyons pouvoir nous dispenser d'extraire du dernier de ces ouvrages le passage suivant : «.... Agobard se
« recommande à notre attention et à notre intérêt par une supério-
« rité de jugement qui lui fait attaquer les superstitions et les préju-
» gés de son temps. Il a consacré un traité spécial à combattre une
» croyance bizarre, qui paraît avoir eu une grande vogue dans le
» pays qu'il habitait. On prétendait que certains hommes, appelés
» *tempestarii*, soulevaient les tempêtes pour pouvoir ensuite vendre
» les fruits que la grêle avait frappés, les animaux qui avaient péri

» par suite des inondations et des orages, à des acheteurs mysté-
» rieux qui arrivaient à travers les airs. Un jour furent amenées
» devant Agobard *trois* personnes que l'on voulait tuer, parce qu'on
» les avait vues *tomber du ciel.* Peut-être ne faut-il pas chercher
» d'autre origine à notre expression *tomber des nues.*» — « Il y a quel-
» que rapport, ajoute M. Ampère, entre les folles croyances condam-
» nées par Agobard et les voyages aériens des sorciers Lapons....» —
Nous ne ferons qu'une observation sur le passage qu'on vient de lire :
l'origine de l'expression *tomber des nues* a une date bien plus reculée
que celle que voudrait lui donner l'estimable et savant professeur;
nous la trouvons, en effet, dans Plaute , *Persa,* II, 3, 6; dans Tibulle,
Eleg., I , 3, 90 ; dans Minucius Félix, *Octavius,* chap. xxii. Voyez
au reste les *Variæ lectiones* de Muret, vii , 7. — Quant aux nauto-
niers aériens dont parle Agobard, les nombreux écrivains qui ont
écrit l'histoire des aérostats n'ont pas manqué de les rappeler ; mais
nous ne croyons pas qu'ils aient fait mention d'une machine aérienne
dont il est question dans une lettre d'un gentilhomme polonais, datée
de Varsovie, le 22 décembre 1647 , et insérée dans le n° 9 de la
Gazette de France de 1648. En voici un extrait : « Il se trouve en
cette cour un personnage nouvellement arrivé d'Arabie, qui est
venu offrir sa tête au roi de Pologne (Uladislas vii), s'il n'avoit
apporté de ce pays-là l'invention d'une machine si légère et néanmoins si ferme qu'elle est capable de le loger et de soutenir deux
hommes en l'air, l'un desquels y peut dormir, tandis que l'autre fait
mouvoir cette machine qui est en la même forme que les vieilles
tapisseries représentent les dragons volants dont elle prend le nom.
Il y a peu de nos courtisans qui n'en aient ici le *crayon* que j'espère
vous envoyer si son dessein réussit, de quoi les modèles qu'il en a
faits, et les raisons dont il les appuie, font concevoir beaucoup
d'espérance : et bien qu'il promette que la diligence de ce courrier cé-

leste sera telle qu'il fera 40 de nos lieues par jour, qui font plus de 80
des vôtres, ce qui lui a aliéné beaucoup d'esprits, si est-ce qu'ayant donné quelques certificats et témoignages que son dessein lui a succédé
ailleurs, et considérant qu'un homme qui paroît personne d'honneur
ne tiendroit pas si peu de compte de sa vie, qu'il la voudroit hasar-
der deux fois si périlleusement, l'une, s'il n'essayoit point ce qu'il
promet, mais eût seulement fait état de venir affronter toute cette
cour qui n'entend point raillerie en telles matières ; l'autre, si,
essayant ce vol qu'il doit prendre par-dessus les plus hautes tours et
clochers, il se précipitoit par sa témérité. Tant y a qu'on lui a
donné des commissaires, et, en attendant leur rapport,... je vous
dirai que nos mathématiciens consultés sur cette affaire, en ont bien
trouvé l'exécution difficile, mais non pas impossible..... » — Nous
avons cherché en vain dans la *Gazette de France*, une nouvelle lettre
du gentilhomme polonais, et nous avons tout lieu de croire que le
rapport des commissaires ne fut pas favorable à l'aéronaute d'Arabie.

C. VII. *Il en est qui avancent qu'ils connaissent des tempestaires
qui.... font descendre la grêle sur une partie d'un fleute*, etc. —
« Au siècle de Charlemagne, dit M. Arago, *on élevait de longues per-
ches dans les champs, pour écarter la grêle et les orages.* Hâtons-nous
d'ajouter, car sans cela les admirateurs fanatiques de l'antiquité
trouveraient dans cette citation une preuve manifeste de l'ancienneté
des paratonnerres de Franklin ; hâtons-nous d'ajouter que les per-
ches restaient inefficaces, à moins qu'elles ne fussent *surmontées de
morceaux de papier.* Ces papiers ou parchemins étaient sans doute
couverts de caractères magiques, puisque Charlemagne, en proscri-
vant cet usage par un capitulaire de l'an 789, le qualifiait de super-
stitieux... ». *Annuaire du Bureau des longitudes* de 1838, p. 529.

C. IX. « *Connaissez-vous les grandes routes des nuées* et la parfaite
science de celui qui les conduit ? (Job, xxxvii, 16)» — Cette

interprétation paraît contestable à M. R. D'après celle qu'il propose, *la parfaite science* serait attribuée aux nuages eux-mêmes. Agents dociles, ils suivraient une route tracée avec l'intelligence de leur direction, avec la connaissance du but qu'il leur est ordonné d'atteindre. Il croit ce sens justifié par le verset 36 du Chap. xxxviii, verset qui est ainsi rendu dans la traduction de J.-L. Bridel : « Qui « a donné de l'intelligence aux feux qui déchirent la nue, et de la « *science* aux météores enflammés ? » — J'ai soumis la note de M. R. à M. de Nolhac, et le savant orientaliste ne pense pas que le texte original du verset 16 du Chap. xxxvii puisse offrir d'autre sens que celui-ci : *Nunquid scis quomodo in aëre librantur densae nubes, mirabilia illius qui perfectus est in scientia?* C'est-à-dire : « Sais-tu comment sont « soutenus dans l'espace les gros nuages, merveilleux secret de « celui qui *possède la perfection de la science ?* » — J'ai donc cru devoir persister dans l'interprétation que j'ai donnée du passage de Job, et suivre en cela les nombreux traducteurs que j'ai été à même de consulter.

C. XI... *la pluie vint à descendre...* Le texte porte.... *Obtinuit ut insucto tempore terribiliter cum tonitruis et coruscis vocibus pluvia.* Il y a lieu de croire qu'il manque un mot dans cette phrase, et ce mot doit être *fieret.* Note de M. R.

C. XIII... *Numquid conjungere valebis* stellas Pleiadas, aut gyrum Arcturi poteris dissipare (Job, xxxviii, 31)? Traduction (de la Vulgate) inintelligible, quoique matériellement ou grammaticalement exacte. — Les Septante ont beaucoup mieux dit : *An intellexisti nexum Pleiadis, et septum Orionis aperuisti?* — De l'aveu de presque tous les interprètes, dit un traducteur, le mot hébreu que la Vulgate rend par *Arcturum,* doit être rendu par *Orion,* et voici, quant à lui, sa version : « As-tu resserré les liens des Pléiades, et re- « lâché les nœuds d'Orion ? » (*Job et les Psaumes,* trad. par H. Laureus; Paris, 1839, in-8) — La constellation des Pléiades se compose d'un grand nombre d'étoiles rapprochées les unes des autres. Orion, au contraire, est une des grandes constellations; elle a, entre autres, trois étoiles espacées que l'on appelle le *baudrier d'Orion*. D'où il suit que le sens de ce verset est évidemment : « Est-ce toi qui as rap-« proché (ou qui aurais pu rapprocher) les étoiles des Pléiades, ou « qui as relâché les liens qui unissent celles d'Orion ? » — Mot pour mot : *An strinxisti ligamina Pleiadum, aut solvisti contractiones Orionis ?* On voit qu'il y a opposition entre les deux membres de cette phrase. Note de M. de Nolhac.

C. XIV... *qui déplacent les bornes...* Moïse faisant aux Hébreux le partage des terres conquises , leur disait : *Maledictus qui transfert terminos proximi.* Deut. xxvii , 17. Chez les Romains, où tout était Dieu, excepté Dieu lui-même, les limites de la propriété étaient sous la protection d'un Dieu. Ovide , *Fast.* , II, v. 641-2.

C. XV... *le canonique.* Tribut annuel que les propriétaires payaient aux *tempestaires,* pour qu'ils éloignassent les tempêtes de leurs champs. Baluze et Adelung s'accordent pour expliquer ce mot par *pensio annua.* Voyez aussi Basnage, *Hist. de l'Église,* p. 1806.

C. XV... *Ne donnent jamais de bonne grâce la dîme aux prêtres.* Alcuin, contemporain d'Agobard , disait que la dîme avait renversé la foi des Saxons, et que si l'on se fût borné à leur annoncer le joug doux et léger du Christ , sans exiger d'eux les dîmes , peut-être n'eussent-ils pas rejeté le baptême. J.-J. Ampère, *Hist. litt.,* iii, 80.

C. XVI. *Grimoald.* Voyez *l'Art de vérif. les dates,* iii, 768 ; Baluze sur Agobard , II , 69; J.-J. Ampère, *Hist. litt. ,* iii , 179 ; A. P. , *Notes et documents,* 28 mai 1571.

C. XVI. *Une si grande démence,* etc. Cette réflexion a fourni à Bayle le texte de la xcix^e de ses *Pensées sur la comète,* et voici comment il l'a traduite : « Une si grande folie s'est emparée déjà du pauvre

« monde, que les chrétiens se persuadent des absurdités que personne
« ne pouvoit auparavant persuader aux Gentils. »

.*. Il n'existe, à notre connaissance et à notre grand étonnement,
que deux éditions des OEuvres d'Agobard, l'une de 1605, publiée
par Papire Masson, d'après le MS qu'il avait découvert à Lyon
(édition qui fut mise à l'index, *donec corrigatur*, par décret de la
Congrégation du 16 décembre de la même année); l'autre de 1666,
plus complète et plus correcte, donnée par Etienne Baluze ; mais
elles ont été réimprimées dans les différentes collections des Pères
de l'église, et D. Bouquet en a inséré des fragments dans son *Recueil
des Hist. des Gaules et de la France*. Voyez Fabricius, *Biblioth. med.
et inf. Lat*; Saxius, *Onomasticon*; les *Archives du Rhône*, tome 1 ;
les *Vies des saints du diocèse de Lyon*, par F.-Z. Collombet; la
Biographie lyonnaise, etc., etc.

LYON. — IMPRIMERIE DE DUMOULIN, RONET ET SIBUET,
Quai Saint-Antoine, 33.

235